MEUBLES

Offerts à S.M. l'Impératrice Marie Louise

par la Ville de Paris

Composés par PRUDHON.

1810.

EXPLICATION DES PLANCHES.

PREMIÈRE PLANCHE.

ÉCRAN.

Ce magnifique Écran est exécuté en vermeil et lapis, comme les autres pièces de la Toilette offerte à S. M. l'Impératrice-Reine, le 15 août 1810. Sur deux barques Égyptiennes surmontées de figures d'Isis, emblème de la ville de Paris, sont posés les Autels de l'Hymen; les flambeaux de ce Dieu, ornés de guirlandes de fleurs, brillent aux quatre coins; des Colombes, symbole d'amour et de fidélité, en forment la base. Deux Colonnes, commencées en faisceaux de laurier, terminées par une branche de lierre et par un chapiteau en forme de corbeille de fruits, soutiennent un entablement corinthien, sur lequel est placé un groupe représentant Mars et Minerve, que l'Hymen réunit.

Un Amour conduit avec un lien de fleurs l'Aigle d'Autriche, qui semble se rapprocher de l'Aigle de France, que caresse un autre Génie.

IIᵉ. PLANCHE.

TABLE ET MIROIR.

La Table de toilette, portée sur deux pieds contournés, dont on saisira mieux la forme dans la Planche suivante, est couverte d'arabesques élégans; une couronne de roses renferme au centre de la frise le chiffre de Sa Majesté.

Une guirlande de fleurs, soutenue par deux candelabres, forme le cadre du Miroir; le Plaisir, voltigeant à la partie inférieure, en réunit les deux extrémités.

Les Génies du Commerce, de l'Industrie, du Goût et de l'Harmonie environnent une jeune Flore et lui présentent le tribut de leurs cœurs et le fruit de leurs travaux.

Les Génies des Sciences et des Beaux-Arts, posés sur les candelabres, s'élancent vers la Déesse et vont à ses pieds déposer leurs hommages.

Le Marchepied posé sous la Table offre la forme d'une corbeille de fleurs.

IIIᵉ. PLANCHE.

PROFIL DE LA TABLE ET DU MIROIR.

On peut apercevoir dans ce profil la forme exacte des pieds de ce meuble et la richesse des ornemens qui le décorent. Sur le Vase à parfums qui en remplit la partie moyenne, on voit une Danse exécutée par des enfans.

A gauche et en devant se trouve une des boîtes de la Toilette; deux Amours groupés sur le couvercle en forment le couronnement.

Le Candelabre placé au milieu de la Table est porté par des Amours; les Grâces décentes soutiennent les Flambeaux. En arrière on voit le profil du Miroir.

FAUTEUIL.

Ce siége porte sur des fleurs dont quatre Cornes d'abondance sont remplies. Sous les bras on voit Psyché, ou l'Ame, qui, embellie des dons célestes, enchaîne l'Amour et le fixe à jamais près d'elle.

LAVABO.

Ce Lavabo, ou Athénienne, en forme de Trépied, supporte une Aiguière, sur laquelle on voit la Nymphe de la Seine, couchée sur des roseaux et entourée d'Amours et de Zéphyrs.

IVe. PLANCHE.

BERCEAU DE S. M. LE ROI DE ROME,

PRÉSENTÉ LE 5 MARS 1811, PAR LA VILLE DE PARIS.

Ce Berceau, dont les ornemens, en nacre, burgau et vermeil, ressortent sur un fond de velours nacarat, est supporté par quatre Cornes d'abondance, près desquelles sont placés les Génies de la Force et de la Justice; il est formé de balustres de nacre et parsemé d'Abeilles d'or.

Un Bouclier, portant le chiffre de l'Empereur et entouré d'un triple rang de palmes de lierre et de laurier, en forme la tête. La Gloire, planant sur le Monde, soutient la Couronne Triomphale et celle de l'Immortalité, au milieu de laquelle brille l'Astre NAPOLÉON. Un jeune Aiglon, placé au pied du Berceau, fixe déjà l'Astre du Héros; il entr'ouvre ses ailes et semble essayer de s'élever jusqu'à lui.

Un Rideau de dentelle, semé d'étoiles et terminé par une riche broderie d'or, retombe sur les bords du berceau.

V^e. PLANCHE.

DÉTAILS DU BERCEAU.

Le Génie de la Justice est appuyé sur le pied du Berceau; l'expression qui règne sur sa figure, sa pose grave et tranquille, le feraient aisément reconnaître, quand on n'apercevrait pas les balances de Thémis et le bandeau sacré qui couronne son front.

A la tête du Berceau s'élève le Génie de la Force, appuyé sur la massue d'Hercule; il tient de l'autre main une Couronne de chêne. Les Armes de l'Empire brillent au dessus de lui.

Nous avons dessiné sur une plus grande échelle les deux Bas-Reliefs qui ornent les côtés du Berceau.

Dans le premier, la Seine, couchée sur son urne, reçoit dans ses bras l'Enfant précieux que les Dieux lui confient. Les Armes de la ville, placées près de la Nymphe, rappellent à la fois et le lieu de la naissance du Prince et la Cité qui lui offrit son premier Berceau.

Le second Bas-Relief représente le Tibre; près de lui est un fragment sur lequel on distingue la Louve de Romulus. Le Dieu du Fleuve soulève sa tête couronnée de roseaux, et aperçoit se lever sur l'horizon l'Astre nouveau qui doit rendre à ses rives leur antique splendeur.

Prudhon inv.

Cavelier et Pierron del. & Sc.

Écran.

Exécuté en vermeil et lapis par MM. Thomire et Odiot.

2 Pieds.

Table et Miroir

Exécutés en vermeil et lapis par MM. Odiot et Thomire.

Prud'hon inv.t

Coclier et Pierron del et Sc.t

Fauteuil.

Profil de la Table et du Miroir.

Lavabo.

Exécutés par M.M. Thomire et Odiot.

2 Pieds.

Berceau de S. M. le Roi de Rome.

Exécuté en vermeil, burgau et nacre par MM. Odiot et Thomires.

2 Pieds.

Prudhon inv.   Cavelier et Pierron, del. et Sc.

Pied du Berceau.   Tête du Berceau.   Bas-reliefs latéraux.

Exécutés par M.M. Thomire et Odiot.